義烏朱一新故居木刻集萃

義烏市博物館 編

上海人民出版社

主編：義烏市博物館

編委：王永平 金國禎 陳 晨 毛小康

编纂：吳振華 朱恒春 朱海濱 吳 格

傳拓：金立標 方俞明 周德林 楊嘉寶

協力：吳潮海 胡光順 倪建明 秦 穎

大夫第
浙江省级文物保护单位
朱唐朱宅

《義烏朱一新故居木刻集萃》目錄

約經堂四廊版畫　方俞明、吳格釋文

（一）前廊（八幅）

（二）右廊（十二幅）

（三）左廊（十二幅）

（四）後廊（八幅）

後記　吳格

前言

朱一新（一八四六—一八九四），字蓉生，號鼎甫。浙江義烏人。清光緒二年（一八七六）登進士第，選為翰林院庶吉士，散館授編修，累官陝西道監察御史。光緒十二年（一八八六），因上疏劾內侍李蓮英，降補六部主事，遂以母病乞歸。旋應兩廣總督張之洞之聘赴粵，先爲肇慶端溪書院主講，繼任廣州廣雅書院山長，居粵八載，以勞瘁歿於任。

朱一新爲官剛直，愛國憂民，言論侃侃，不避貴戚，時人譽之爲「真御史」；其治學則提倡「經史併重，義理經世」，主張「會通漢宋」，係晚清著名學者，漢宋調和學派代表人物。朱一新勤於撰述，著有《無邪堂答問》五卷、《京師坊巷志稿》二卷、《漢書管見》四卷、《佩弦齋文存》三卷《雜存》二卷《詩存》一卷等，身後由其弟懷新彙刻爲《拙盦叢稿》行世。《清史稿》有傳。

朱一新故鄉赤岸鎮朱店村，二〇一六年入選「第四批中國傳統村落名錄」；以朱一新、朱懷新兄弟之故居約經堂、葆真堂爲主體構成的朱店朱宅建築群，也於二〇一九年公佈爲「第八批全國重點文物保護單位」。朱一新的約經堂爲前廊式四合院建築，坐北朝南，有屋十八間，前後兩進三開間，左右兩廂各六間，占地面積六百七十二平方米。宅西另建有小拙盦藏書樓，東側一角建有雙寶軒。

約經堂之原址，係朱氏九世祖亦政堂所在。咸豐末，由朱鳳毛（一新、懷新之父）以重值購得，遂移遷入住。後因「歲久墻柱欹側，遇大風雨，岌岌動搖」，朱鳳毛乃有更建之意。朱一新、朱懷新兄弟自為舉子業，便常年奔波在外，家人生產，概由父母操持。光緒間，兄弟同在嶺南，去鄉數千里而未克迎養；念及雙親年已望七，長年勞瘁，猶未能享一日之安，朱一新乃竭力籌謀重建居第，以供父母安養，并慰雙親之志。

約經堂之建，始事於光緒十四年（一八八八），時朱一新方主講端溪書院，雖雲天遙隔，教務繁劇，然貲費籌措、規劃設計、材料選擇諸事項，朱一新仍自爲操持；在家鄉的具體施工，則以其母親爲主操辦；「庀材鳩工，兩載始就，復一年而甫獲安居」。然費時三年完成之約經堂，並非已完善，部分功能的裝飾和佈置，迨至光緒二十年（一八九四）方始完竣。惜乎天不假年，堂成人去。此年六月，朱一新嘗撰《自題約經堂》聯曰：「辛勤以有此廬，但願子孫能世守；民物若環一室，未知懷抱向誰開。」此後不久之七月初二日，朱一新在廣州溘然長逝。

約經堂的營建範式，仍屬江南傳統建築風格，而其裝飾藝術，則亦融入了嶺南風格。如西廂書房之門枋，以鏤空雕工藝雕刻了半圈玉蘭花藤蔓；東西廂走廊安裝落地花罩，鏤空雕以

玉蘭花和如意祥雲。廂房隔扇門用燈籠框，燈籠框的形狀構造頗具巧思，若爲如意頭燈籠框，外圍雕刻圖案則配盤長如意結和蝙蝠紋等，若爲蘋果、石榴、桃子諸瓜果形狀，則外圍雕花卉以相匹配。如此種種，均別具一格。

此次拓印匯輯之法書墨跡版刻八幀，及草樹花石墨跡版刻四十幀，均屬約經堂之裝飾。八幀法書墨跡版刻位在西廂書房，形制規整；而其作者，均為與朱一新有交遊之師友，且皆當時之名家。四十幀草樹花石墨跡刻於各廂房隔扇門裙板之上（原有四十六幀，被盜賣六幀；近年修繕，別為新製），以陰刻燙漆工藝鐫梅、蘭、竹、菊、山石等文人畫圖案。裙板畫作之構圖，出自民間畫師之手，由畫師取法諸畫譜中作品仿摹而成。然此仿摹，亦非純然依樣畫葫蘆，畫師於仿摹之時，且增添小景及選配合適詩句，以使畫面更富意趣。

《詩》云：「高山仰止，景行行止。」我們閱讀朱一新的著述，瞭解朱一新的事跡，乃知朱一新是一位志行高潔的前賢：其身際晚清變革之世，書生報國，死而後已，實爲傳統知識分子之楷模；其忠於職守，讜言無忌，亦是義烏忠直鄉風之體現；而其以碩學名師，培養人才，乃是其以教育改造社會之踐履。編纂出版此《義烏朱一新故居木刻集萃》，亦屬我輩諸同仁對這位先賢的致敬。辛丑季春邑後學吳振華謹識。

約經堂書房壁間法書

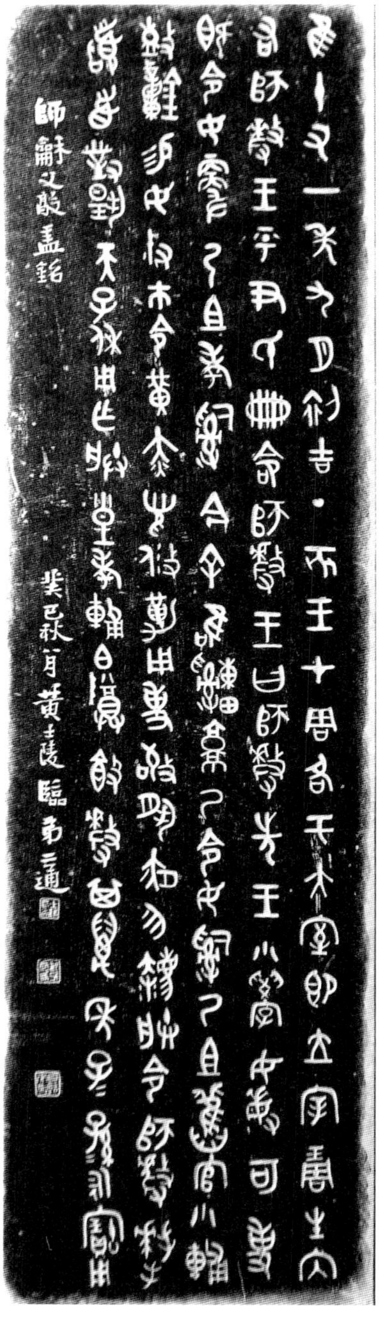
師龢父殷盖銘
癸巳秋月黄士陵臨弟三通

黃士陵臨金文《師嫠父敦蓋銘》

釋文

隹十又一年九月初吉丁亥，王在周，各于大室，即立，宰琱生內右師嫠，王乎尹氏冊命師嫠。王曰：師嫠，先王小學，女敏可事，既令女更乃且考嗣，今余唯申就乃令女嗣乃且舊官小輔、鼓鐘，易女叔市、金黃、赤舄、攸勒，用事，敬夙夜，勿灋朕令師嫠拜手稽首，敢對揚天子休，用乍朕皇考輔白尊簋，嫠其萬年子子孫孫永寶用。

師嫠父敦蓋銘

癸巳秋八月黃士陵臨第二通

「士陵長安」
「穆父學篆」
「具體而微」

黃士陵

字牧甫（穆甫、穆父），號倦叟，別署黟山病叟、倦遊窠主等，又有蝸篆居、延清芬室等齋號。安徽黟縣人，清季篆刻「黟山派」開宗大師，曾居嶺南。

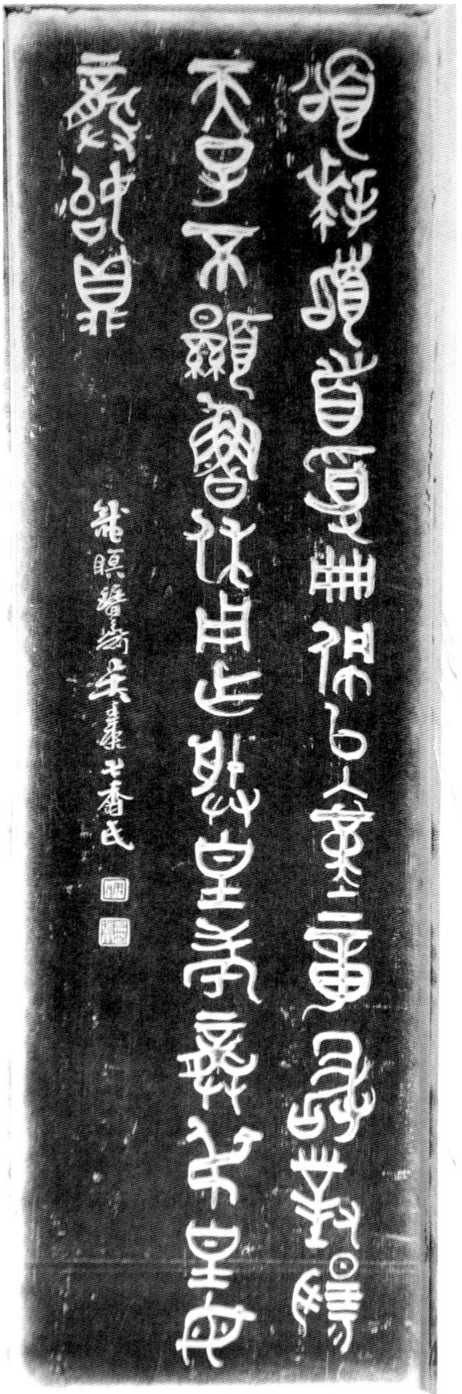

吳廷康臨金文《頌簋銘》

釋文

頌拜稽首，受冊佩以入堇章，敢對揚天子丕顯魯休，用乍朕皇考龏弔皇母龏始鼎。

龍眠晉齊吳廷康卍香氏

「康父」

「吳印廷康」

吳廷康

字元生，號康甫、晉齋等。安徽桐城人。善書畫，嗜金石，精考據。曾官浙中多年。家藏古物甚多，皆親手摹勒考辨。

清素傳家永用

寶鑒福壽國寶

嘉定冀束六裁寧古鑒山館集藏浮磬以百經計惟韓韶臺本易受博如此文刻　朱研連

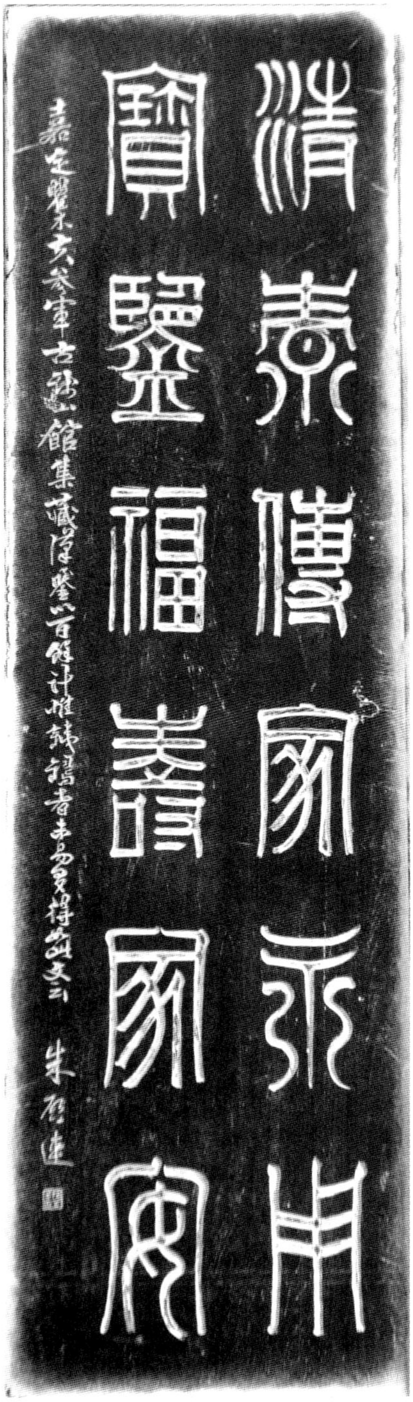

朱啟連臨漢鑒銘

釋文

清素傳家永用
寶鑒福壽家安
嘉定瞿木夫參軍古錢山館集藏漢鑒以百餘計，惟銕鑄者未易多得，如此文云。朱啓連

「抗心希古」

朱啟連
字跂惠，號棣垞，廣東番禺人。汪兆鏞從姊若昭之夫。性敏介，與世落落寡合。工詩古文，善草隸書，能琴。

常伯之實孝廬江大
襄蜀老人張度

張度臨《漢衡君碑》

釋文

常伯之寮。考盧江太守。漢衡君碑。
褎蜀老人張度

「張」「度」

張度
字吉人，號叔憲，又號辟非老人、抱蜀老人、松隱先生等，浙江長興人。曾官兵部主事、候補知府、刑部郎中等職。精小學，擅書畫，尤工八分書。

惟公尊賢容衆博施無窮載仁
抱義行藏圖滯溫恭好善棄榆
孫薦
刁惠公志通南北之郵兼顏徐之脈其
妙處不可思議癸巳中秋陶濬宣

陶濬宣臨北魏《刁遵墓志》

釋文

惟公尊賢容衆，博施無窮，載仁抱義，行藏罔滯，溫恭好善，桑榆彌篤。

《刁惠公志》通南北之郵，發顏徐之脈，其妙處不可思議。癸巳中秋陶濬宣

「陶濬宣印」
「文沖四十㠯後所書」

陶濬宣

原名祖望，字文沖，號心雲，晚署東湖居士。浙江會稽（今紹興）人。清光緒二年舉人。喜藏書，擅書，自秦漢迄六朝，無所不學，尤工魏碑書，筆力峻厚。

哲人知幾誠之於思志士厲
行守之於為順理則裕從欲
惟危造次克念戰兢自持習
與性成聖賢同歸
汪鳴鑾

汪鳴鑾篆書《程子動箴》

釋文

哲人知幾，誠之於思。志士厲行，守之於爲。順理則裕，從欲惟危。造次克念，戰兢自持。習與性成，聖賢同歸。

汪鳴鑾

「不俗即仙骨」
「多情乃佛心」

汪鳴鑾

字柳門，號郎亭，浙江錢塘（今杭州）人，僑寓吳門。清同治四年進士，歷官翰林院編修，陝甘、山東、江西、廣東學政，內閣學士等，官至總理各國事務衙門大臣。精小學，能篆書，好藏書。

擇吉土治東就衡山起堂立壇雙闕夾
門薦牲納禮以寧其神神熹其位甘雨
屢降報如景響國界大豐穀斗三錢
民無疾苦永保其年
臨漢祀三公山碑

汪洵臨《漢祀三公山碑》

釋文

卜擇吉土治。東就衡山。起堂立壇。雙闕夾門。薦牲納禮。以寧其神。神熹其位。甘雨屢降。報如景響。國界大豐。穀斗三錢。民無疾苦。永保其年。

臨漢祀三公山碑

癸巳嘉平　汪洵

「汪洵之印」

「子淵」

汪洵

字子淵，號淵若，江蘇陽湖（今常州）人。清光緒十八年進士，授編修。書法摹顏真卿，得其神骨，參以變化，兼精篆隸，古樸雅飭，尤工小篆。

而坤斯斯開元建皆二皇故来
人倫消鈆宗派遒悪班乎宗宗
莫貴乎聖人不必名世爾間難
寻此限蓋寻遇不遇焉

陳崇穎

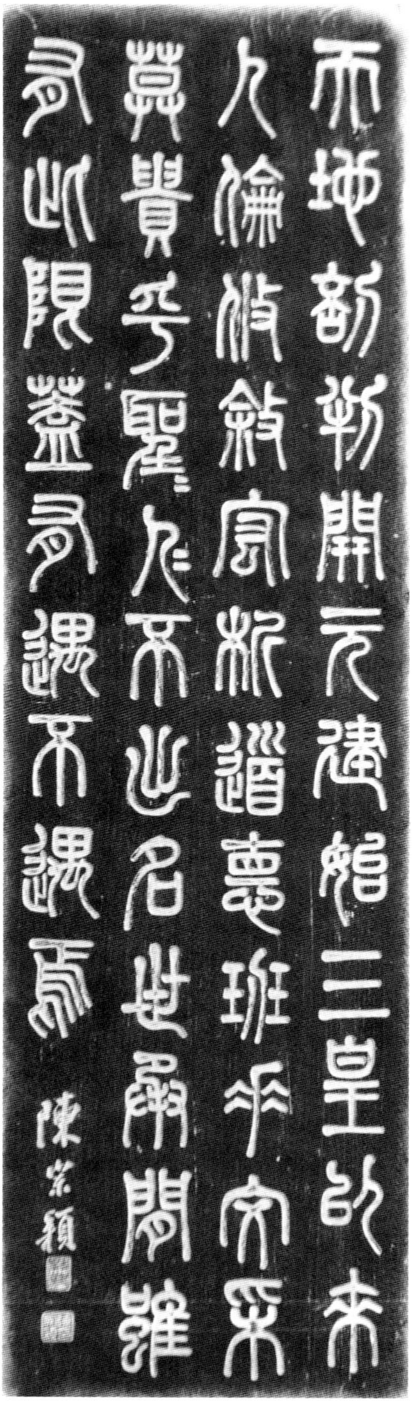

陳宗穎篆書《孟子正義》

釋文

天地剖判，開元建始。三皇以來，人倫攸敍。宏析道德，班垂文采。莫貴乎聖人，聖人不出，名世承閒。雖有此限，蓋有遇不遇焉。

陳宗穎

「孝堅學篆」
「陳印宗穎」

陳宗穎

字孝堅，廣東番禺人。陳澧第四子。清光緒十四年優貢生，授陽山縣訓導。

約經堂四廊版畫

約經堂四廊版畫示意圖

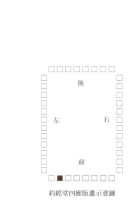

約經堂四廊版畫示意圖

約經堂四廊版畫示意圖

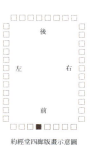

約經堂四廊版畫示意圖

約經堂四廊版畫示意圖

約經堂四廊版畫示意圖

約經堂四廊版畫示意圖

約經堂四廊版畫示意圖

仿徐天池

約經堂四廊版畫示意圖

□□居士畫

約經堂四廊版畫示意圖

倣白陽山人

約經堂四廊版畫示意圖

黄石山樵筆

約經堂四廊版畫示意圖

黃石山樵筆

約經堂四廊版畫示意圖

倣白陽山人

約經堂四廊版畫示意圖

□□居士畫

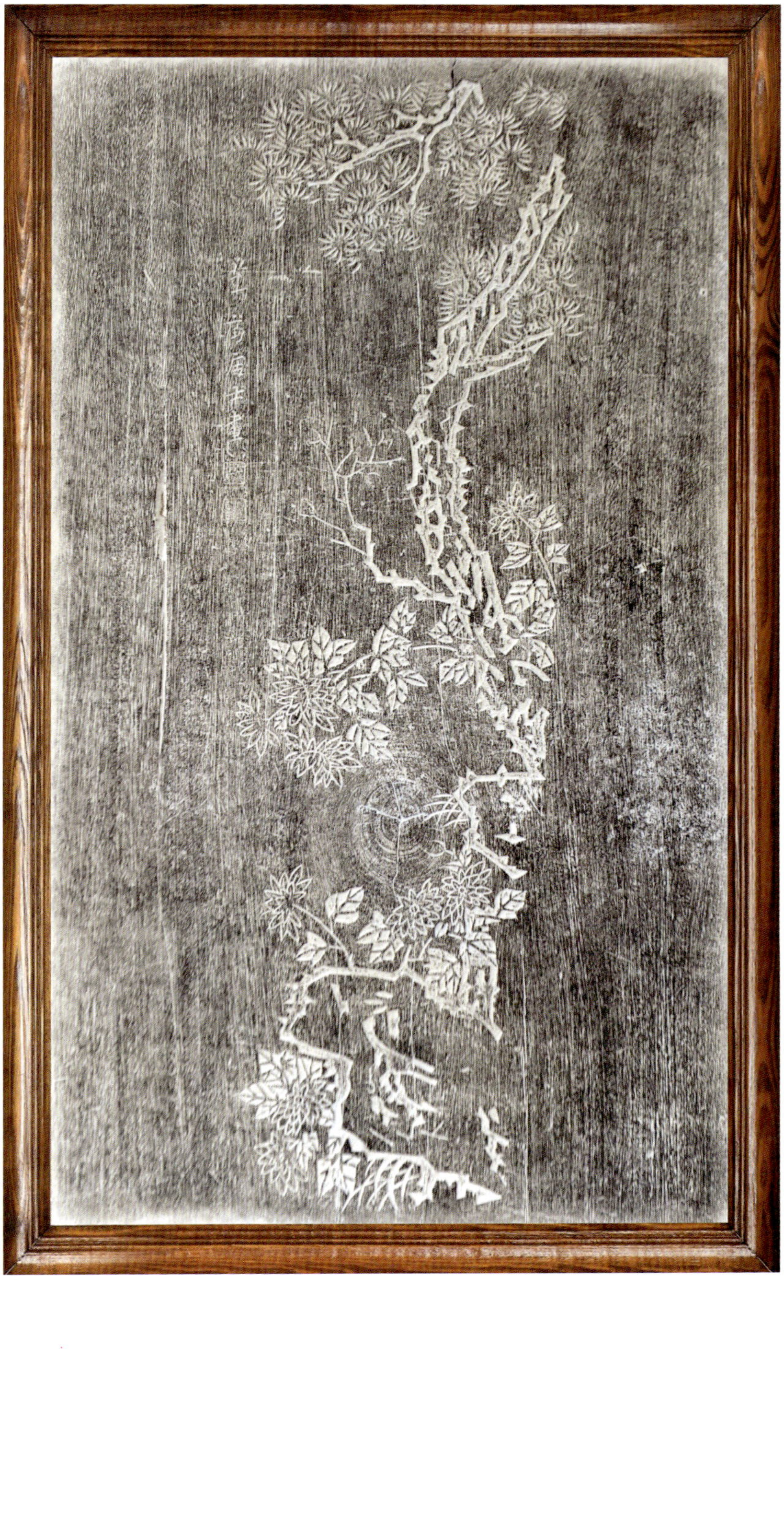

約經堂四廊版畫示意圖

仿徐天池

約經堂四廊版畫示意圖

色經寒不動聲與靜相宜　錄王建句

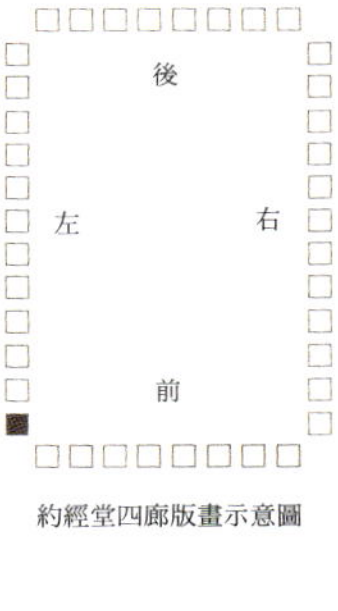

約經堂四廊版畫示意圖

纖纖穿落玳瑁簪按行日夜待成林養渠百尺
干霄氣見我平生及物心　放翁句

約經堂四廊版畫示意圖

卓立深山中萬古青蒼色　南溪漁隱

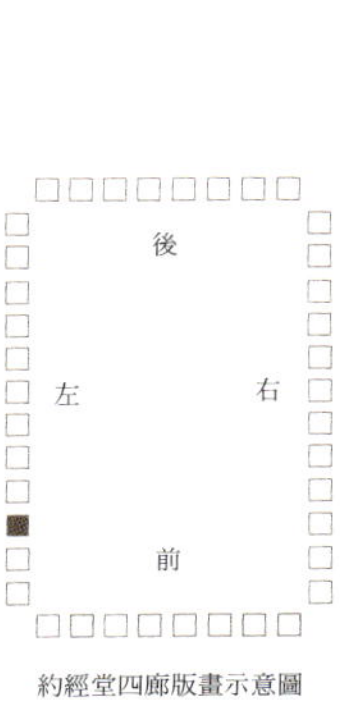

約經堂四廊版畫示意圖

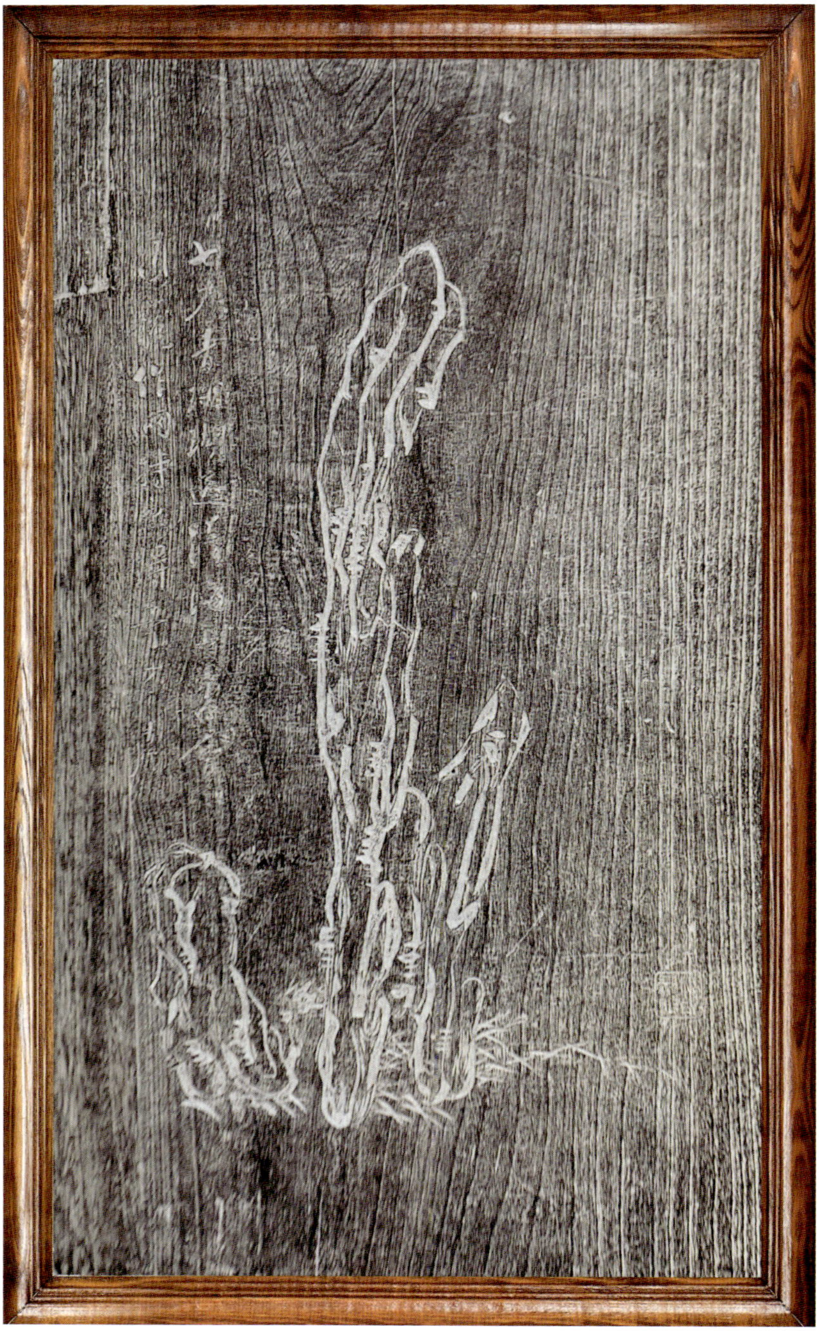

七尺青珊瑚遠從海上來會須籠作網持尔得奇才

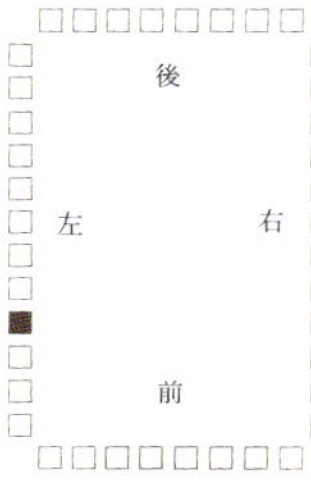

約經堂四廊版畫示意圖

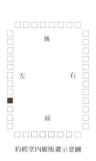

溫潤堅剛挺然卓立天骨森森蓬萊第一 石濤

約經堂四廊版畫示意圖

虛堂清供

約經堂四廊版畫示意圖

古雷　蘭西翁本　癯道人

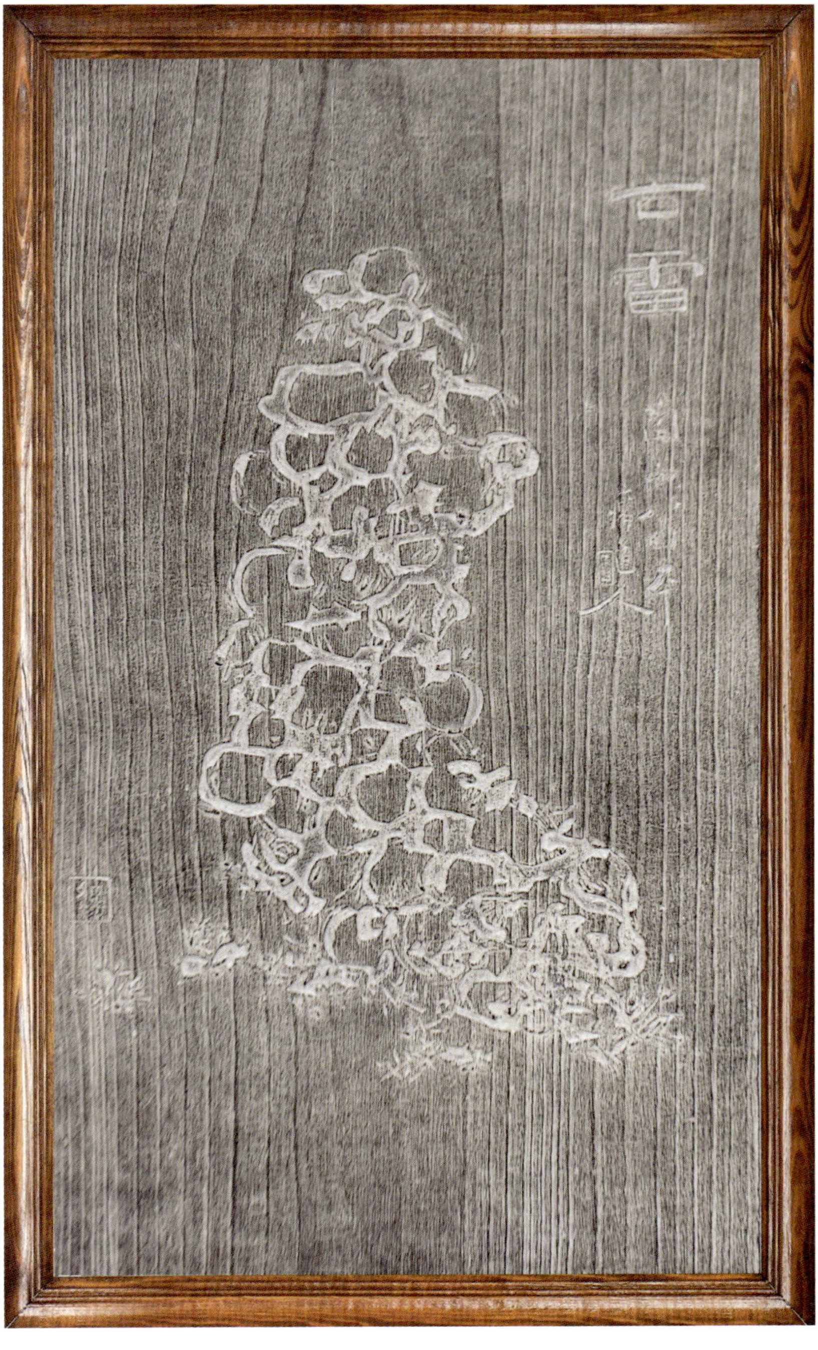

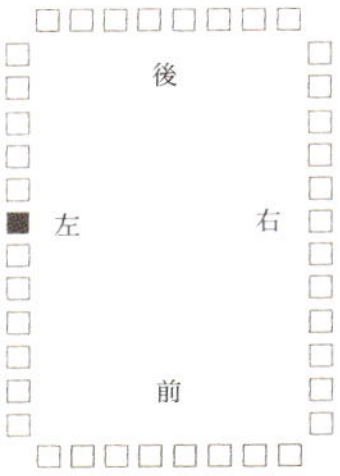

約經堂四廊版畫示意圖

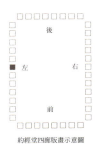

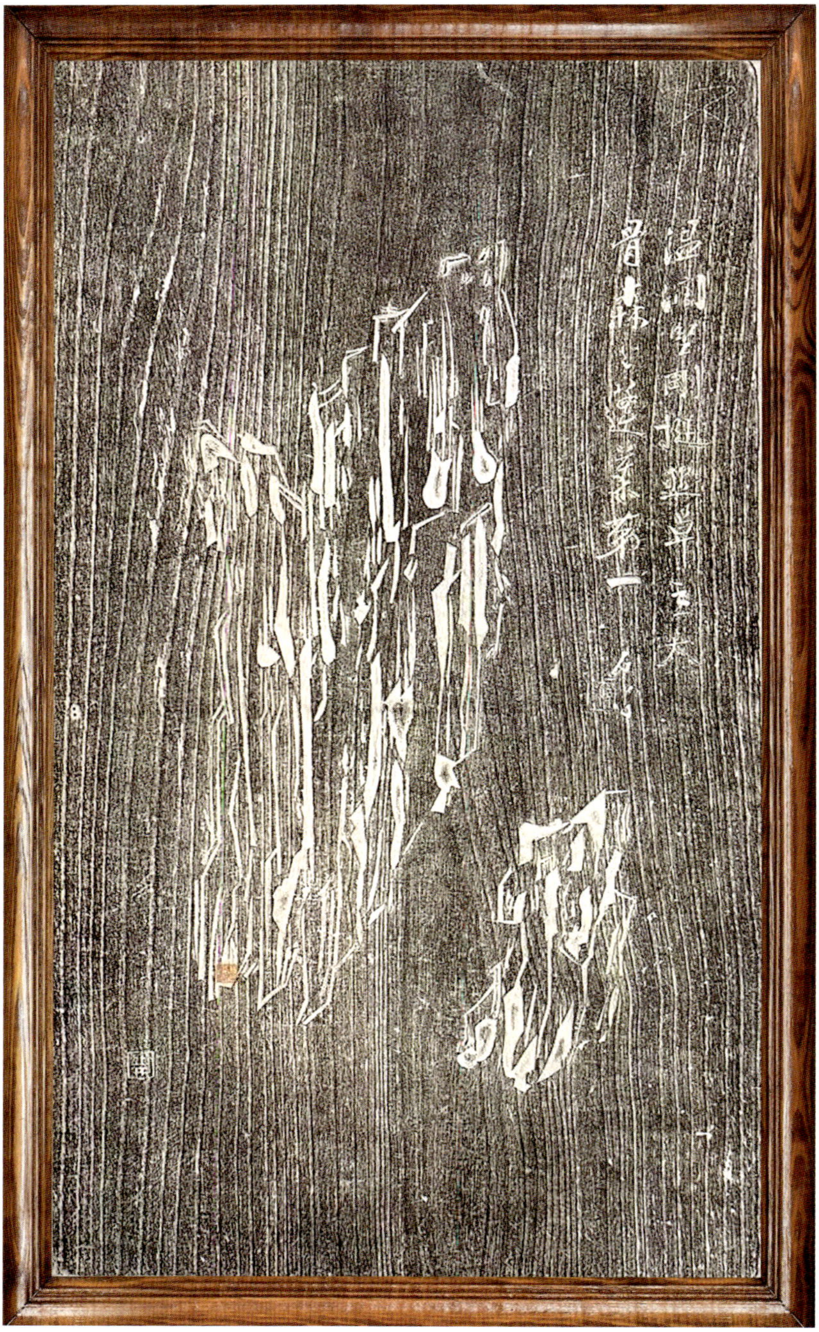

溫潤堅剛挺然卓立天骨森森蓬萊第一　石濤

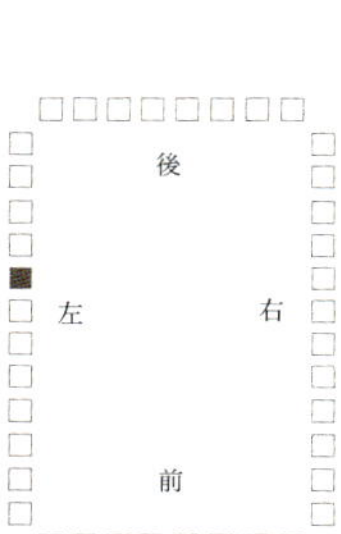

約經堂四廊版畫示意圖

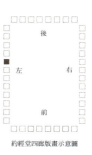

袖中東海　石癡

約經堂四廊版畫示意圖

梅花道人畫法　戊子春三仿古

約經堂四廊版畫示意圖

莖受露而將低香從風而自遠　用陳白陽意

約經堂四廊版畫示意圖

潛姿發玄麝幽藹凝紫檀　仿停雲館

約經堂四廊版畫示意圖

儗高鐵嶺　戊子春季

約經堂四廊版畫示意圖

擬鄭所南風竹　篁邨逸客

約經堂四廊版畫示意圖

古雷　蘭西翁本　癯道人

約經堂四廊版畫示意圖

袖中東海　石癡

約經堂四廊版畫示意圖

梅花道人畫法　戊子春三仿古

約經堂四廊版畫示意圖

壽巖　青□仿古

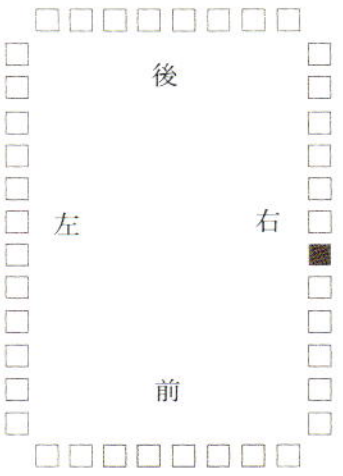

約經堂四廊版畫示意圖

七尺青珊瑚遠從海上來會須籠作網持尔得奇才

約經堂四廊版畫示意圖

卓立深山中萬古青蒼色　南溪漁隱

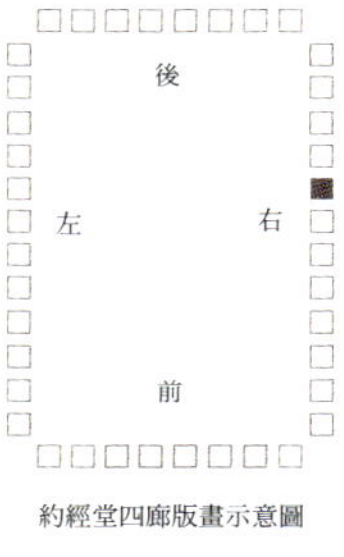

約經堂四廊版畫示意圖

虛堂清供

約經堂四廊版畫示意圖

壽巖　青□仿古

約經堂四廊版畫示意圖

綠葉兮紫莖芳菲兮襲予　儗籜石老人

約經堂四廊版畫示意圖

擬吳貫之法　戊子春半

約經堂四廊版畫示意圖

後記

戊戌初夏，遊子還鄉，時值上海人民出版社《朱一新全集》問世，應命爲家鄉父老介紹朱一新之生平與學術。因仰慕鄉賢，承友人引導，翌日有南鄉探訪朱氏故居之行。空谷幽蘭，見於深林，自此遂醉心於故居內木刻書畫，亟思以圖録傳播之。數載追蹤，多方呼籲，至庚子冬日，幸獲義烏市博物館允准立項。今年三月，各方師友會聚朱店，辛勞一週，完成傳拓攝影。由春徂夏，整理圖版，編輯不輟。入秋，《義烏朱一新故居木刻集萃》編纂次第告蕆。

朱氏故居「大夫第」在邑南赤岸朱店村，其地青山環抱，風景絶勝，五指山群峰俯瞰川原，鍾靈毓秀，挺生人傑，至今引人追慕。村中民居鱗次櫛比，大夫第建築群舊貌新顔，位居古村中央。此宅前後兩進，中隔短巷，後爲約經堂，前爲葆真堂，分屬朱一新、懷新兄弟所有。清光緒間，朱氏昆仲先後登進士第，其父鳳毛先生擴充祖宅，修繕經營，成此新居，而兩先生盡瘁王事，中年謝世，實未嘗久居故里。歲月不居，倏經百餘載，大夫第建築群賴朱店村民維護，大致仍保留原有格局與風貌，成爲義烏現存古民居之瓌寶。述其特色，約有兩端：

一、百年老宅，樸實無華，實用爲主，兼顧觀賞，雕樑畫棟，精工細作，已充分利用本地資源，而書房與藏書樓等設計，益增人文氣息，超群拔萃，乃成清代浙中仕紳階層「耕讀傳家」傳統之建築典範；二、約經堂之居室裝飾，因主人所處時代及經歷，已融入多種外來元素，如書房內法書八屏之作者黄牧甫、吴廷康、張度、汪洵、朱啟連、汪鳴鑾、陶濬宣、陳宗穎等，多爲清季江南及粤中知名學人，因與朱一新交遊故，法書真蹟，刊版以存，翰墨因緣，多年深藏於義烏南鄉朱宅中。又書房內花架、東西廂落地花罩、四廊門窗之窗槅圖案及裙板所刻文人畫，設計精雅，風格非盡出於本地（傳説窗槅圖案及原配進口玻璃，與裙板所刻文人畫，均朱一新於廣雅書院山長任内由粤東定製運歸安裝）。約經堂之建築風格及裝飾內容，留待後人探索之空間不少，其書房內之名人法書木刻八幅、四廊門窗裙板所刻畫作四十幅，歷歲既久，日見磨損，當務之急，亟宜傳拓保存，影印出版，藉紙墨以播諸久遠。

《詩》曰：「經始靈臺，經之營之。庶民攻之，不日成之。」大夫第之修建維護，出於朱店鄉民昔年之辛勤勞作，又賴地方政府之大力投入。《義烏朱一新故居木刻集萃》今日之編纂，亦賴衆力以觀成。故鄉父老，滬浙師友，同情共識，慨然相助，與事諸君，益我良多，感佩之餘，謹此併致謝忱。

義烏文化遺跡有待搶救者猶多。如朱店村外數里，舊有以「崇義」名祠者，係清咸同後鄉人爲紀念戰亂中保境安良之義民

所建，朱一新曾撰《崇義祠碑記》備述原委，並請友人梁鼎芬書丹上石，其記其書，俱足傳世。今祠址雖存，碑石云亡，緬懷其事，實爲斯土斯民教化之所關，繫乎義烏人「剛正勇爲」性格之溯源。此意倘荷地方主政者鑒及，爲之經營恢復，則今日《義烏朱一新故居木刻集萃》之編，當以息壤視之矣。

辛丑孟秋邑後學吴格謹識於滬瀆

图书在版编目(CIP)数据

义乌朱一新故居木刻集萃/义乌市博物馆编. —上海:上海人民出版社,2021
ISBN 978-7-208-17406-1

Ⅰ. ①义… Ⅱ. ①义… Ⅲ. ①文物-汇编-义乌
Ⅳ. ①K872.554

中国版本图书馆CIP数据核字(2021)第211394号

责任编辑 崔燕南
封面设计 许　菲

义乌朱一新故居木刻集萃
义乌市博物馆 编

出　　版 上海人民出版社
(201101　上海市闵行区号景路159弄C座)
发　　行 上海人民出版社发行中心
印　　刷 上海雅昌艺术印刷有限公司
开　　本 787×1092　1/16
印　　张 5
版　　次 2021年11月第1版
印　　次 2021年11月第1次印刷
ISBN 978-7-208-17406-1/J·623
定　　价 88.00元